BEI GRIN MACHT SICH IHR WISSEN BEZAHLT

- Wir veröffentlichen Ihre Hausarbeit, Bachelor- und Masterarbeit

- Ihr eigenes eBook und Buch - weltweit in allen wichtigen Shops

- Verdienen Sie an jedem Verkauf

Jetzt bei www.GRIN.com hochladen und kostenlos publizieren

Bibliografische Information der Deutschen Nationalbibliothek:

Die Deutsche Bibliothek verzeichnet diese Publikation in der Deutschen Nationalbibliografie; detaillierte bibliografische Daten sind im Internet über http://dnb.d-nb.de/ abrufbar.

Dieses Werk sowie alle darin enthaltenen einzelnen Beiträge und Abbildungen sind urheberrechtlich geschützt. Jede Verwertung, die nicht ausdrücklich vom Urheberrechtsschutz zugelassen ist, bedarf der vorherigen Zustimmung des Verlages. Das gilt insbesondere für Vervielfältigungen, Bearbeitungen, Übersetzungen, Mikroverfilmungen, Auswertungen durch Datenbanken und für die Einspeicherung und Verarbeitung in elektronische Systeme. Alle Rechte, auch die des auszugsweisen Nachdrucks, der fotomechanischen Wiedergabe (einschließlich Mikrokopie) sowie der Auswertung durch Datenbanken oder ähnliche Einrichtungen, vorbehalten.

Impressum:

Copyright © 2017 GRIN Verlag
Druck und Bindung: Books on Demand GmbH, Norderstedt Germany
ISBN: 9783668648470

Dieses Buch bei GRIN:

https://www.grin.com/document/413224

Lena Hochadel

Intermedialität im Theater. Die Modernisierung des Theaters

Am Beispiel des Markgrafentheaters in Erlangen

GRIN Verlag

GRIN - Your knowledge has value

Der GRIN Verlag publiziert seit 1998 wissenschaftliche Arbeiten von Studenten, Hochschullehrern und anderen Akademikern als eBook und gedrucktes Buch. Die Verlagswebsite www.grin.com ist die ideale Plattform zur Veröffentlichung von Hausarbeiten, Abschlussarbeiten, wissenschaftlichen Aufsätzen, Dissertationen und Fachbüchern.

Besuchen Sie uns im Internet:

http://www.grin.com/

http://www.facebook.com/grincom

http://www.twitter.com/grin_com

Sommersemester 2017

Intermedialität im Theater

Die Modernisierung des Theaters am Beispiel des Markgrafentheaters in Erlangen

Inhaltsverzeichnis

1. Einleitung 1
2. Was macht Theater aus? 2
3. Intermedialität im Theater 3
4. Theater im Film und Film im Theater 4
5. Das „moderne" Markgrafentheater in Erlangen 8
6. Fazit 12
7. Quellen 13

1. Einleitung

Mit der fortschreitenden Digitalisierung unserer modernen Welt, scheint die ursprüngliche Form des Theaters auszusterben. Medien sind heutzutage ein fester Bestandteil in der Theaterkunst. Auch das Markgrafentheater in Erlangen nutzt technische Medien, wobei ein paradoxes Gemisch zwischen Neu und Alt entsteht. Denn eines der ältesten Medien überhaupt, bedient sich an den technologischen Errungenschaften des 21. Jahrhunderts. Damit verändert sich gleichzeitig auch die Zuschauerwahrnehmung im Theater.

In dieser Arbeit wird zunächst einführend geklärt, welche Eigenschaften das Theater ausmachen. Im darauffolgenden Kapitel wird im Allgemeinen über Intermedialität im Theater und ihrer Resonanz in der Bevölkerung geschrieben. Anschließend wird spezifisch über die Modernisierung des Markgrafentheaters in Erlangen berichtet.

Im Mittelpunkt dieser Arbeit steht die Intermedialität im Theater. Dabei wird aufgrund beschränkter Länge nur auf das Medium „Film" sowie bei der Geschichte des Markgrafentheaters in Erlangen nur auf ihre baulichen Veränderungen eingegangen.

Ziel dieser Arbeit ist es, folgende Fragestellung zu beantworten: Wie verändert sich die Zuschauerwahrnehmung im Theater mit „neuen Medien".[1]

---

[1] Mit „neuen Medien" sind technologische Errungenschaften wie Filmprojektionen und technische Geräte aber auch moderne Bühnentechnik gemeint.

2. Was macht Theater aus?

Um Veränderungen der Zuschauerwahrnehmung zu beschreiben, muss zunächst darauf eingegangen werden, was Theater in seiner ursprünglichen Form eigentlich charakterisiert. Was genau unterscheidet das Theater beispielsweise von einem Kinobesuch? Diese Frage ist wichtig, da mit der Intermedialität im Theater oft der Einsatz von filmischen Mitteln gemeint ist. Im Theater hat jede Aufführung, sei sie nun mit oder ohne Nutzung von neuen Medien, einen direkten Charakter. Das heißt, Theater ist immer gegenwertig und konstruiert sich nur im Vollzug. Damit ist eine Theateraufführung einmalig, unwiederholbar und unkonservierbar.[2] Die Definition von Theater beinhaltet auch die Anwesenheit von mindestens einem Akteur und einem Zuschauer. Auch ist die Abgrenzung zwischen Bühnenraum und Zuschauerraum im Theater wandelbar, da ein Zuschauer durch seine Handlungen, wie zum Beispiel ein lautes Hereinreinrufen, ebenfalls Teil der Inszenierung werden kann. Die Kommunikation zwischen Bühne und Zuschauer ist also beidseitig. Der Zuschauer im Theater kann aktiv am Geschehen teilhaben und es beeinflussen. Theaterbesucher fühlen sich nicht nur mental in der Aufführung involviert, sondern sind im Theaterraum tatsächlich nicht nur psychisch, sondern auch physisch am Geschehen beteiligt. Diese Tatsache ist nur durch die Einheit zwischen Raum und Zeit möglich. Erika Fischer-Lichte fasste dies folgendermaßen zusammen: „Was immer die Akteure tun, hat Auswirkungen auf die Zuschauer und was immer die Zuschauer tun, hat Auswirkungen auf die Akteure und die anderen Zuschauer."[3] In einem Kino ist die Veränderung des gezeigten Films im Nachhinein unmöglich, denn er hat diese Einheit und dem damit verbundenen transitorischen Erlebnis nicht inne. Dieses einzigartige Erlebnis intensiviert die entstehenden Emotionen. So ist es viel häufiger, dass Theaterbesucher Ekel, Scham, Angst oder Empörung bei gleichem Reiz stärker verspüren, als das zum Beispiel bei einem Film der Fall ist. Denn die Bühne des Theaters erschafft Realität. Die Bühne eines Kinos hingegen, ist nur eine immer gleichbleibende Projektion des Fiktiven.

---

[2] Bönninghausen: Wege ins Theater, S.146
[3] Fischer-Lichte, Erika, Aufführung, In: Fischer-Lichte, Erika, Kolesch, Doris, Warstat, Matthias, Metzler (Hrsg.), Metzlers Lexikon Theatertheorie, Stuttgart, Metzler, 2005, S. 18.

3. Intermedialität im Theater

Beim Besuch einer Theateraufführung im Jahr 2017 verwundert es nicht, wenn in einem Stück von Shakespeare plötzlich Handys als Requisiten oder Videoausschnitte auf riesigen Bildschirmen zum Einsatz kommen. Denn die technologische Revolution spiegelt sich auch im Theater wider. Neue Inszenierungen von Klassikern haben oft einen ganz individuellen und kreativen Bezug auf unsere heutige moderne Gesellschaft und ihren technologischen Errungenschaften. Nach anfänglichen Schwierigkeiten und kritischen Stimmen hat auch das Kunstbusiness gelernt, die neue Medien nicht als „Konkurrenz" zu fürchten, sondern stattdessen ihre Vorteile zu erkennen und zu nutzen. Das Ganze mit dem Ziel, das wachsende Desinteresse der Gesellschaft an Theaterbesuchen zu stoppen. Jedoch kann der Gebrauch von neuen Medien wie Film, Computer oder neuen elektronischen Geräten auch „verkrampft innovativ" wirken. So würden „alte Stücke mit aller Macht auf modern gemacht" und es handele sich um „verhunzte Klassiker" meinen einige kritische Stimmen in der Bevölkerung.[4] Die Intermedialität im Theater stößt also durchaus auf gemischte Resonanz. Doch wie genau verändern diese neuen Medien die Zuschauererfahrungen auf den Theatersitzplätzen oder vor dem Fernseher? Die Veränderung im Zeitalter des Films beruht nämlich auf Gegenseitigkeit. Das Theater kann sich filmischen Mitteln bedienen, sowie der Film eine Theateraufführung beinhalten kann.

---

[4] Jörder: Theater und Öffentlichkeit,Theater und Medien in: Deutscher Bühnenverein, Das Theater und die Medien, Ausschuss für künstlerische Fragen, Referate #2

4. Theater im Film und Film im Theater

Kommen wir nun zur Beantwortung der Fragestellung wie neue Medien das Zuschauererlebnis bzw. die Wahrnehmung verändern. Hier spielen zunächst die Einheit von Ort und Zeit eine wichtige Rolle. Das klassische Theater[5] hat stets eine Einheit von Ort und Zeit. Doch wird im Theater als Requisite ein Filmausschnitt gezeigt, wird die Einheit zwischen Zeit und Ort nicht mehr eingehalten, da Projektionen nicht an Zeit und Ort gebunden sind. Das transitorische Erlebnis wird somit gestört. Auch das Zuschauererlebnis der Inszenierung verändert sich durch den Einsatz neuer Medien. Denn die von den Zuschauern konstruierte Realität war bisher eine Folge von Akteuren, also den Schauspielern auf der Bühne, und materiell vorhandener Bühnenrequisiten oder der Kulisse. Videoausschnitte allerdings machen die körperliche Präsenz eines Schauspielers nicht mehr zwingend notwendig. Dabei erschaffen neue Medien im Theater neue Perspektiven. Dies geschieht, indem die Bühnenrealität mit den fiktiven neuen Medien verschmilzt. Nicht nur der materiell anwesende Schauspieler erscheint glaubhaft, sondern auch die medialen Gegenspieler, welche seine Handlungen bestimmen. Ein Schauspieler kann sich auf der Bühne mit einem projizierten Charakter unterhalten. Es herrscht also ein Wechsel zwischen realer und medialer Wahrnehmung. Bühnenrealität und Fiktion verschmelzen zu einer neuen Wahrnehmungsebene.[6] Dadurch kann folgendes geschlussfolgert werden: Was der Zuschauer als real annimmt, muss nicht unbedingt auch materiell auf der Bühne existent sein. Der Zuschauer gewinnt mit dem Einsatz neuer Medien eine ganz neue Realitätsebene im Theater. Dies hat zur Folge, dass der Schauspieler sowie der literarische Text an Bedeutung verliert. Der Fokus liegt nun mehr auf dem audiovisuellen Ereignis in einer Theateraufführung. Der Rezipient muss selbst zwischen Wirklichkeit und Scheinwelt, materiellem und fiktiven unterscheiden. Der Theaterbesucher muss sich also anstrengen zwischen den Ebenen der Darstellung hin und her zu wandern und dadurch seine fiktive Wirklichkeit zu konstruieren.

Eines bleibt jedoch im konventionellem Theater immer gleich. Der Zuschauer befindet sich physisch von Anfang bis Ende der Vorstellung auf demselben Platz. Somit

---

[5] Gemeint ist das Theater im 19Jh. vor der elektronischen Revolution. z.B.: Das Barocktheater
[6] Gehse, Kerstin: Medien-Theater, 2001, S. 64

beobachtet er das Geschehen auf der Bühne durchwegs aus dem gleichen Blickwinkel. Er ändert weder Perspektive noch Abstand zum Betrachteten.[6] Im Film dagegen wechselt der Blickwinkel des Betrachters ständig, er ist sozusagen identisch mit der Kamera. Der Film kann etwas aus unterschiedlichen Perspektiven, detaillierter oder oberflächlicher, betrachten. Er kann Handlungen und Bewegungen auch schneller oder langsamer zeigen. Auch wenn sich das Theater nicht immer an die Einheit der Zeit hält, können noch lange nicht die gleichen Effekte wie im Film erzeugt werden. Dennoch blieben diese Effekte im Theater nicht ohne Nachahmung z.B. in Form von Bewegungen in Zeitlupe. Der Einsatz eines Mediums wie dem Film im Theater bewirkt also indirekt eine mögliche Perspektiven- und Distanzänderung für das Publikum, er vermag Tempowechsel in das Bühnengeschehen zu integrieren und bietet dem Zuschauer dadurch neue, dem Theater nicht eigene Wahrnehmungswelten.

Aber alle möglichen Wirkungen und Wahrnehmungserfahrungen, die bisher angeführt wurden, hängen letztendlich von der Art der Integration der externen, elektronischen neuen Medien ins Bühnengeschehen ab. Im Prinzip ist der Film[7] auch nur ein weiteres theatrales Zeichen im semiotischen Arsenal des Theaters. Es hängt vom jeweiligen dramaturgischen Konzept ab, ob der Film nur eine ergänzende, erklärende oder dokumentierende Funktion bekommt oder ob er mit dem Bühnengeschehen verflochten wird und nur das Zusammenspiel von Bühne und Film eine Einheit ergibt oder ob man ihm gar zusätzliche, unabhängige Handlungsräume schafft. Dennoch steht bei allem eines fest: Der mediale Aufführungsbeitrag, zum Beispiel in Form eines Films, ist ein gleichbleibendes Element, das zur Transitorik der Theateraufführung eigentlich im Widerspruch steht. Doch im Zeitalter der technischen Reproduzierbarkeit von Kunst, wie Walter Benjamin sagen würde, müsste man sich eigentlich schon Fragen, wie transitorisch die Theaterkunst heute noch ist?

> „Das Sein des Theatralen ist transitorisch und damit in seiner spezifischen Art unwiederbringbar an Raum und Zeit gebunden. Der Versuch, Theatrales festzuhalten, mündet in jedem Fall in einer Veränderung des Ursprünglichen."[9]

---

[6] ausgenommen theatrale Formen, bei denen die Trennung von Bühne und Zuschauerraum nicht in der traditionellen Weise gegeben ist und das Publikum sich während der Aufführung nicht auf einem gleichbleibenden Punkt befindet
[7] im folgenden Absatz steht der Film stellvertretend für alle anderen elektronischen Medien [9] Mörth, Otto: Theater im Fernsehn, 1990, S. 19

Ausgehend von dieser Aussage von Mörth im ausklingenden 20. Jahrhunderts kann ein ganz klarer Bogen zu den Anfängen von Film und Fernsehen gezogen werden, genauer gesagt zu Walter Benjamin, der mit folgenden Worten im Prinzip das gleiche ausdrückt: „Noch bei der höchstvollendeten Reproduktion fällt eines aus: Das Hier und Jetzt des Kunstwerks – sein einmaliges Dasein an dem Orte, an dem es sich befindet."[8] Walter Benjamin betont in seinem Werk „Das Kunstwerk im Zeitalter seiner technischen Reproduzierbarkeit" vor allem die Originalität und Echtheit eines Kunstwerks. Diese Echtheit zieht automatisch deren Nicht-Reproduzierbarkeit nach sich. Demnach lässt sich zwar das Kunstwerk reproduzieren, es verliert aber dadurch seine Echtheit, genauso wie das Theater sein transitorisches Moment. Doch eine Theateraufführung büßt in ihrer Aufzeichnung nicht nur das ein: „Die Fernsehadaption eines Theaterstückes [...] bedingt in jedem Fall die Eliminierung der räumlichen Einheit. Für die zeitliche Einheit gilt es [...] zwei Bereiche zu unterscheiden: Einerseits die Direktübertragung eines Theaterstücks, bei der die Einheit der Zeit gewahrt ist, und andererseits dessen videographische Aufzeichnung, bei der beide Einheiten aufgehoben sind."[11] Wenn man nun also keine Live-Übertragung vorsieht, so geht die Transitorik verloren. Denn die Aufzeichnung der Aufführung muss noch nicht einmal zwingend in dem eigentlichen Rahmen stattfinden. Es könnte so zum Beispiel auf das Publikum verzichtet werden. Auch müsste nicht an einem Stück gedreht werden, es müssten weder Akte noch Chronologie beachtet werden. Das Ergebnis wäre vielmehr ein Produkt der filmischen als der theatralen Kunst. Deshalb stellt sich die Frage, ob das überhaupt noch Theater ist? Es ist das elektronische Abbild einer Theateraufführung, die mediale Übermittlung und Verbreitung eines Theatergeschehens. Selbst wenn die Aufzeichnung der Aufführung eindeutig im theatralen Rahmen stattfindet und ebenfalls das Publikum sowie dessen Reaktion übertragen wird, so ist der Zuschauer dennoch kein Teil dieses Publikums, sondern nur ein Rezipient des übertragenden Mediums (Fernsehen, Video, Internet, ...). Die medialisierte Aufführung verliert sein Wichtigstes: Den im Theater möglichen Dialog. Denn über den Fernsehbildschirm kann die Kommunikation ausschließlich einseitig erfolgen.[9] Otto Mörth schlägt für die Aufführungs-Reproduktion im Fernsehen den

---

[8] Benjamin, Walter: Das Kunstwerk im Zeitalter seiner technischen Reproduzierbarkeit, 1977, S. 11 [11] Mörth, Otto: Theater im Fernsehen, 1990, S. 13
[9] Wie im vorangegangenen Kapitel der Arbeit herausgearbeitet wurde ist Kommunikation eines der zentralen, theatralen Elemente.

Begriff „Fernseh-Theater" vor. Der Begriff beschreibt lediglich, welche Medien miteinander verknüpft werden. Doch dieser Versuch deutet zumindest an, dass es sich bei medial übertragenem und/oder konserviertem Theater um eine eigene Kategorie, sogar eine eigene Kunstgattung handelt. Die Aufzeichnung und/oder Übertragung einer Aufführung kann zwar der Verbreitung und Speicherung/Konservierung dienen, allerdings kann es den vergänglichen Aufführungsmoment nicht wiederbringen. Die Wiederaufführung eines Theaterstücks ist dem „Original" nur ähnlich und es handelt sich niemals um zwei identische Aufführungen. Eine Wiederaufführung ist für das Theater noch die „präziseste Reproduktionsmöglichkeit" [10]. Denn auch eine LiveAufzeichnung kann nur die Vorgänge auf der Bühne und im Zuschauerraum exakt festhalten. Doch „was im Zeitalter der technischen Reproduzierbarkeit des Kunstwerks verkümmert, das ist seine Aura"[11] und diese kann die mediale Reproduktion keinesfalls reproduzieren. Es bleibt also festzuhalten, dass Medien im Theater durchaus möglich sind, jedoch Theater im Medium Film seinen eigentlichen Charakter verliert.

---

[10] Mörth, Otto: Theater im Fernsehen, 1990, S. 23
[11] Benjamin, Walter: Das Kunstwerk im Zeitalter seiner technischen Reproduzierbarkeit, 1977, S. 13

5. Das „moderne" Markgrafentheater in Erlangen

Die Intermedialität ist vor allem in alten Theaterbauten auffällig. Das Erscheinen von neuen Medien wie Filmausschnitten oder modernster Studiotechnik in einem antiken Gebäude verdeutlicht die Integration von Neuem in das Alte. Das Markgrafentheater in Erlangen stellt ein ideales Beispiel einer kontinuierlichen Modernisierung von Theaterbauten dar. Denn nicht nur das ästhetische Erscheinungsbild des Theaters, sondern auch modernere Bühnentechnik und Einbeziehung intermedialer Elemente sind in Folge von Renovierungen zu beobachten. Um die theoretischen Überlegungen der vorhergegangenen Kapitel zu verdeutlichen, wird die Entwicklung des Markgrafentheaters hier als Beispiel genommen.

Von 1715 bis 1718 wird das „Opern- und Comoedien-Haus" unter der Leitung von Markgraf Georg Wilhelm erbaut und 1719 durch die Oper „Argenis und Poliarchus" eingeweiht. Das Theater verdankt der Markgräfin Wilhelmine von Bayreuth seine stilvolle Umgestaltung durch den berühmten venezianischen Theaterarchitekten Giovanni Paolo Gaspari, welcher das Theaterhaus von 1740 bis ca. 1743 umgestaltete und es im Stil des Rokokos erscheinen ließ. Der Zuschauerraum wird damals von drei Rängen eingefasst, die wie in Oberitalien logenartig unterteilt sind. Die nächste große Renovierung fand nach dem Verkauf des Theaters an die Stadt im Jahre 1838 statt. Dabei wurde der Name des Theaters von „Opern- und Comoedien- Haus" in „Erlanger Stadttheater" geändert. Rund sechzig Jahre später fand durch vorangeschrittene Technologien die nächste Renovierung statt. Die Bühnentechnik wurde erneuert und eine Heizung eingebaut. Zudem wurde der Bühnen- und Zuschauerraum renoviert. Im Jahre 1903 wurde mit der Einrichtung elektronischer Beleuchtung ein weiterer Meilenstein erreicht. Am Ende der 50er Jahre wurde über einen Abriss des Theaters wegen Baufälligkeit diskutiert, der Stadtrat stimmt jedoch für den Erhalt und so kam es in den Folgejahren zu erneuten baulichen Veränderungen. Erst hier wurde das Theater von einem Logen- in ein Reihentheater umgebaut.[12] In der Jahren 1958 bis 1959 von wurde die alte Rokokodekoration von späteren Übermalungen befreit und vervollständigt den Reiz dieses „Comödienhauses".[13] In Abbildung 1 ist das jetzige

---

[12] http://www.erlangen-marketing.de/tourismus/sehenswuerdigkeiten/Markgrafentheater.html (08.09.17)

[13] http://www.theater-erlangen.de/de/haus/geschichte-des-hauses (08.09.17)

Theaterhaus nach dem Umbau der Sitzplätze und der sichtbaren Rokokodekorationen im Jahre 1959 zu sehen. In Abbildung 2 ist eine Zeichnung des Markgrafentheaters Erlangen aus dem Jahre 1721 zu erkennen, zwei Jahre nach seiner Eröffnung.

Abbildung 1 : Das Markgrafentheater, aktuell

Abbildung 2: „Carnevals Lustbarkeiten im Opern und Comœdien-Hauß", 1721

In folgender Abbildung ist ein Bild des Markgrafentheaters zu sehen, in der das Ausmaß an Bühnentechnik gut zu erkennen ist.

Abbildung 3: Das Markgrafentheater Erlangen

Beim Vergleich von Abbildung 1 mit der Abbildung 2 wird das Ausmaß an Veränderung deutlich. Das Erlanger Markgrafentheater ist ästhetisch nicht mehr wiederzuerkennen. Das Bild von er Aufführung „Carnevals Lustbarkeiten" im Jahr 1721 ist sehr wertvoll, da es das Theater noch vor der prachtvollen Umgestaltung von Giovanni Paolo Gaspari zeigt.

In Kapitel 4 wurde unter anderem das Erscheinen des Theaters im Film besprochen. Auch das Erlangen Markgrafentheater ist Teil eines Films geworden. Es ist durch sein Stiloriginalen und prunkvollen Ausblick eine geeignete Kulisse für ein Barocktheater. So durfte sich das Erlanger Markgrafentheater in dem Film „Farinelli, der Kastrat" des belgischen Regisseurs Gérard Corbiau im Jahre 1994 verewigen. Jedoch diente der Drehort lediglich als stilgetreue Kulisse. Im Film wird das Erlanger Markgrafentheater als Kulisse einer Oper im Jahre 1722 verwendet. Die Szene spielt jedoch nicht in Erlangen und auch der Inhaber des Theaters ist nicht der tatsächliche zu der Zeit der Handlung.

In den folgenden Abbildungen ist das Erlangen Markgrafentheater im Film „Farinelli" zu sehen.

Abbildung 4 : Screenshot aus "Farinelli"

Abbildung 5: Screenshot aus "Farinelli"

6. Fazit

Wie ist nun der Einsatz neuer Medien endgültig zu bewerten? Der Film schafft dem Theater eine zusätzliche, andersartige Wahrnehmungsebene und neue Kommunikationswege, die eine Veränderung zum klassischen Theater darstellen. Diese können, wie vieles im Leben, gut aber auch schlecht genutzt werden, haben aber dennoch ihre Berechtigung, da sie der Versuch des Theaters sind sich weiterzuentwickeln. Die Aufführung büßt zwar unter Umständen die Einheit von Ort und Zeit sowie materielle Elemente ein, gewinnt aber Zeichen hinzu, die den Zuschauer anders fordern. Auch das Marktgrafentheater Erlangen kann bzw. hat sich vor diese Revolution des Theaters nicht verschlossen. Allerdings muss ein solches Theater vielleicht im Vergleich zu moderneren Bauten mehr auf sein klassisches Besucher-Clienté achten, da eine dauerhafte Ausrichtung auf mediengestützte Aufführungen in einer solchen Kulisse zu verkrampft wirken. Allerdings können einzelne Stücke mit Einbeziehung neuer Medien in dem sehr klassischen Ambiente den Zuschauer durch eine Paradoxität begeistern. Am Ende des vierten Kapitels kam in Bezug auf Walter Benjamin die Frage auf, wie transitorisch Theaterkunst heute noch ist? Diese Frage lässt sich für mich ganz klar beantworten: Sie ist noch genauso transitorisch, wie sie vor der Möglichkeit der technischen Reproduzierbarkeit war. Denn das Produkt der technischen Reproduktion basiert zwar auf einer Theateraufführung, ist aber selbst kein Theater. Der Mensch strebt nun mal danach, das Einmalige, Einzigartige oder auch Vergängliche für sich auf Dauer festzuhalten. Das Mittel, das dies ermöglicht, ist die Reproduktion. Sei es die Kopie eines Gemäldes, das Foto eines Sonnenuntergangs oder auch die Videoaufzeichnung einer Theateraufführung. Kunst ist heutzutage schon auf Reproduktion ausgelegt und etwas einmalig Reproduziertes kann sich dem Kreislauf nicht entziehen.

Auch hier ist nochmals das Marktgrafentheater Erlangen aufzugreifen. Im Film „Farinelli, der Kastrat" fallen während des Gesangs eines Kastraten mehrere Damen in Ohnmacht. Dieser Effekt, wenn auch im Film gespielt, wird jedoch nie beim Zuschauer des Films ankommen, da durch die Aufnahme des Gesangs, die Originalität der Stimme aber auch der Klangkulisse komplett verloren geht.

7. Quellen

Bibliographie

Benjamin, Walter: Das Kunstwerk im Zeitalter seiner technischen Reproduzierbarkeit.- Frankfurt/Main: Suhrkamp, 1977

Gehse, Kerstin: Medien-Theater: Medieneinsatz und Wahrnehmungsstrategien in theatralen Projekten der Gegenwart.- Würzburg ; Boston/USA: Deutscher Wissenschafts-Verlag, 2001

Mörth, Otto: Theater im Fernsehen: Intertextuelle Bezüge zwischen den Medien Film, Theater und Fernsehen.- Diplomarbeit Universität Wien, 1990

Sarkis, Mona: Blick, Stimme und (k)ein Körper: Der Einsatz elektronischer Medien im Theater und in Interaktiven Installationen.- Stuttgart: M & P Verlag für Wissenschaft und Forschung, 1997

Internetquellen

http://www.theater-erlangen.de/de/haus/geschichte-des-hauses (08.09.17)

Jörder: Theater und Öffentlichkeit,Theater und Medien in: Deutscher Bühnenverein, Das Theater und die Medien, Ausschuss für künstlerische Fragen, Referate #2: http://www.buehnenverein.de/de/publikationen-und-statistiken/buecher-undbroschueren/referatebroschueren-.html (08.09.17) http://www.erlangen-marketing.de/tourismus/sehenswuerdigkeiten/Markgrafentheater.html (08.09.17)

Abbildungen

Abbildung 1: Das Markgrafentheater: http://www.erlangen-marketing.de/tourismus/sehenswuerdigkeiten/Markgrafentheater.html (08.09.17)

Abbildung 2: Carnevals Lustbarkeiten im Opern und Comœdien-Hauß", 1721: Scan aus dem Buch: Thomas Engelhardt (Hrsg.): Erlangen im Barock. Glanz und Elend der Markgrafenzeit. Stadtmuseum Erlangen.

Abbildung 3: Das Markgrafentheater Erlangen: http://www.2-bs.de/5-0-News.html (08.09.17)

Abbildung 4: Screenshot aus "Farinelli, der Kastrat"

Abbildung 5: Screenshot aus "Farinelli, der Kastrat"

Film

„Farinelli, der Kastrat" 1994, Gérard Corbiau

BEI GRIN MACHT SICH IHR WISSEN BEZAHLT

- Wir veröffentlichen Ihre Hausarbeit, Bachelor- und Masterarbeit

- Ihr eigenes eBook und Buch - weltweit in allen wichtigen Shops

- Verdienen Sie an jedem Verkauf

Jetzt bei www.GRIN.com hochladen und kostenlos publizieren